nᵒ 4
1911

" 1904-1910 "

QUATRE PLAIDOIRIES

DE

Mᵉ HENRY-MILLIÉ

AVOCAT A LA COUR D'APPEL DE PARIS.

MENDE

TYPO-LITHO IGNON-RENOUARD

1911

Pour dépôt,
Ignon. Renouard

" 1904-1910 "

QUATRE PLAIDOIRIES

DE

Mᵉ HENRY-MILLIÉ

AVOCAT A LA COUR D'APPEL DE PARIS.

MENDE

TYPO-LITHO IGNON-RENOUARD

1911

Mon très éminent confrère, Me Emile, de Saint-Auban, avocat à la Cour de Paris, a bien voulu à quelques reprises, encourageant mes modestes efforts, donner à certaines de mes plaidoiries une publicité qu'elles ne comportaient certes pas, je le prie de trouver ici l'expression de ma gratitude respectueuse.

Au cours des années dernières la "Revue, des Procès Célèbres"[1] qu'il dirige m'a fait l'honneur de recueillir les quelques plaidoiries, réunies en ce modeste opuscule, dans le dessein de les offrir aux amis dont la sollicitude a été et demeure un précieux encouragement.

Paris, le 1er Août 1910.

HENRY-MILLIÉ

AVOCAT A LA COUR DE PARIS

[1] *La Revue des Procès Célèbres*, Recueil d'éloquence judiciaire, sous la direction de M. Emile de Saint-Auban. — Librairie générale de Droit et de Jurisprudence, 20 rue Soufflot, Paris (5e).

LES BOMBES DE VINCENNES

TRIBUNAL CORRECTIONNEL DE LA SEINE
(11e Chambre)

AUDIENCE DU 16 JUILLET 1906.

Présidence de M. PASQUES.

Plaidoirie de Me Henry-Millié [1]
Pour M. Victor SOKOLOFF

MESSIEURS,

Au cours de son réquisitoire, merveilleusement ordonné, éloquent, M. l'Avocat de la République, dépeignant les trois inculpés, en général, leur trouvait « l'âme étrange, difficile à saisir ».

Et, pourtant, combien peu complexe est la psychologie de ces malheureux ! Au début de son interrogatoire, M. Victor Sokoloff n'a-t-il pas pris tous les soins pour se présenter au Tribunal?

Très énergiquement, avec une crânerie qu'il faut louer, il a déclaré :

Je suis étudiant en médecine, en France, mais révolutionnaire anarchiste en Russie.

Ne reniant, par là, rien d'un passé dont il est fier, mais distinguant les deux personnes qui sont en lui : l'une,

(1) Extrait de la Revue des Procès Célèbres, n° 12, décembre 1906.

personne physique, matérielle, qui vit en France pour y
étudier, dédaigneuse de prendre part effective à nos luttes
politiques, à nos querelles intestines; l'autre... un double
intangible qui, aux heures de solitude, de réflexion, vit par
la pensée, là-bas, en Russie, rêvant les rêves de ses frères,
souffrant leurs souffrances !

L'heure est venue de dégager plus encore ce double aspect
d'un même être, de porter plus au fond le scalpel de
l'analyse.

Pour l'étudiant, pour l'incarnation française de M. Victor
Sokoloff, la contradiction n'est pas permise, et sur ce terrain
l'accord est parfait entre la prévention et la défense; le
Tribunal me permettra néanmoins d'estamper rapidement ce
portrait.

M. Victor Sokoloff est né près d'Odessa, à Tatarbunar, le
10 août 1884, d'un père médecin, lui-même fils d'un pope.
De complexion faible, le jeune Slave est bientôt pour sa
famille un sujet de craintes, d'inquiétudes.

La tombe vient à peine de se fermer sur le père, la mère
éplorée tremble qu'elle ne s'ouvre pour l'enfant qui vient
d'atteindre sa onzième année; aussi le confie-t-elle à son
oncle, médecin à Tétuan, Maroc; nous sommes en l'année
1895.

Les bienfaits du climat ne se font point attendre et les
craintes justifiées s'effacent devant les plus radieuses espérances. Les soins intellectuels doivent s'ajouter aux soins
corporels. La France qui, — et à notre pays je rends cet
hommage, après vous, Monsieur l'Avocat de la République,
— accueille largement ceux qui veulent bénéficier de l'état
avancé de sa civilisation, est proche du Maroc; en 1900, le
jeune homme est placé comme interne au lycée d'Oran.

Il a seize ans, l'âge où la réflexion succède aux jeux de
l'enfance, l'âge où l'homme se fait prévoir. Cherchons donc,

à cet âge où naît la pensée, quelles étaient les préoccupations de M. Victor Sokoloff, et cherchons, Messieurs, non point à l'aide de probabilités incertaines, mais à l'aide des documents les plus probants.

Ouvrez avec moi ce livret scolaire du lycée d'Oran ; à défaut des notes les plus élogieuses, données par ses maîtres, le résultat des compositions serait une preuve matérielle d'une assiduité au travail ne laissant pas place à de vaines spéculations... même politiques !

En chaque matière de son programme, mon client s'adjuge la première place ; le baccalauréat, brillamment conquis, est le couronnement de ces années d'études.

Fils de médecin, neveu de médecin, c'est à l'Art d'Esculape que M. Victor Sokoloff veut aussi se consacrer. Il vient dès lors à Paris et se fait inscrire à la Faculté des Sciences. Toutes les branches de l'enseignement qu'il y reçoit l'attirent, le fascinent ; mais, plus que toute autre, la chimie, avec la multiplicité de ses combinaisons, la certitude de ses réactions, retient son désir de spéculer. Et comme, en telle matière, la théorie ne saurait se dispenser de la pratique, il manipule, il analyse, il dissocie et — oh ! délit que le Code Pénal a prévu — *il fait des taches d'acide à sa blouse !* Malheureux étudiant, ignorant que trois ans plus tard il fournira ainsi une arme pour dresser contre lui une invraisemblable accusation !

Puisque, dans le processus des études, chaque année finit par un examen, notons que l'année passée à la Sorbonne se terminait pour M. Victor Sokoloff par l'obtention du certificat d'études.

Enfin, les portes de l'Ecole de Médecine sont ouvertes, M. Sokoloff s'y fait immatriculer.

Il ne tenait peut-être pas très régulièrement ses notes de cours ; moins bien, en tous cas, que Mlle Speransky ; et sur ce point, Messieurs, vous croirez mon éminent contradicteur qui s'est livré aux plus patientes recherches. Pour moi, une seule chose est certaine : c'est qu'à la Faculté de Médecine comme au lycée d'Oran, comme à la Faculté des Sciences, le garçon studieux qu'était M. Victor Sokoloff restait égal à lui-même, que le désir de s'instruire primait chez lui tous autres désirs, et permettez-moi d'appuyer mon dire par une lettre élogieuse de l'un des professeurs de mon client qui tient à lui marquer son estime bien qu'il le sache assis au banc d'infamie :

9 juillet 1908. — 15, rue Madame.

MONSIEUR,

J'ai eu en effet, cet hiver, M. Victor Sokoloff comme élève à l'école pratique de la Faculté de Médecine : j'ai toujours trouvé en lui un étudiant zélé et consciencieux, disséquant très régulièrement ; je n'ai jamais eu qu'à me louer de sa conduite au pavillon de dissection. En un mot, au point de vue spécial sur lequel vous me demandez mon avis, je ne peux vous fournir que d'excellents renseignements sur M. Victor Sokoloff.

Veuillez agréer, Monsieur, l'expression de mes sentiments les plus distingués.

Dr P. LECÈNE,
Prosecteur à la Faculté de Médecine.

Mais voyons, maintenant, l'autre côté de la personnalité de M. Sokoloff.

Parti de Russie dès son jeune âge, M. Victor Sokoloff a néanmoins gardé pour son pays natal, pour ses compatriotes, l'attachement le plus profond, l'amour le plus ardent. A Tétuan, au milieu de nationaux russes, ce culte de la terre ancestrale se développe encore et, aussitôt arrivé à Paris, appelé à vivre sur la terre étrangère, son désir est de retrouver des compatriotes, pour s'entretenir avec eux des questions nationales, et des amis, des parents laissés là-bas.

Ses recherches ne sont point longues. Dans notre ville,

trois ou quatre mille Russes, étudiants pour la plupart, d'aucuns ayant dix-sept ans à peine, comme Stryga, et malgré cet âge d'irresponsabilité pénale, déjà condamnés à mort (1), vivent une vie d'intimité malgré leur grand nombre. En connaître un, c'est les connaître tous. M. Victor Sokoloff est introduit dans ce milieu, et c'est là qu'aux heures de repos, il ira se reposer des labeurs accomplis ; c'est au sein de cette grande famille qu'il ira prendre contact avec cette âme slave, qui nous est si étrangère !

De ces réunions, les questions frivoles sont bannies ; on n'y parle que de la Patrie, les idées graves s'y échangent, les évènements journaliers s'y commentent...

Et quelle pâture ces évènements n'offrent-ils pas à la discussion de ces hommes, jeunes, ardents, épris de libertés, grâce à la constatation de notre demi liberté : c'est la guerre russo-japonaise, c'est son contre-coup, la crise russe, *la Révolution !*

Et comme ceux qui discutent dans ce cénacle sont, pour beaucoup, des proscrits, des exilés, je ne puis me défendre de songer à d'autres bannis, des Français ceux-là, qui, éloignés de notre terre, se réunissaient dans la ville hospitalière qui les recevait ; ennemis, pour la plupart, du régime de leur pays d'adoption forcée, ennemis, à coup sûr, du régime français d'alors ! Et j'interroge l'histoire... Ceux-là à Londres, à Bruxelles, à Genève ..., les a-t-on poursuivis alors qu'ils se déclaraient révolutionnaires français ? Non ! n'est-ce pas ?..

Et cependant sous les régimes aristocratiques anglais, belge, ils commettaient ce crime que ne commet point M. Sokoloff, en France, de n'admettre comme formule gouvernementale que la forme républicaine !

---

(1) Stryga avait été condamné à la peine capitale par décision de la Justice russe.

2

L'analogie entre les réfugiés russes de 1906 et les proscrits français de 1852 est frappante, elle n'a point échappé au Tribunal.

Leurs réunions ont le même objet : s'inquiéter entre soi de ce que font les amis de la Mère-Patrie, rêver de ce qui vaudrait le mieux pour lui rendre sa prospérité perdue, pour procurer à ceux qui restent là-bas le maximum de bien être... rêver encore des moyens de parvenir à cet idéal !

Et là, dans ce cénacle, M. Sokoloff, l'étudiant, n'est plus ; l'atavisme reprend le dessus, le Russe qui ne s'est point effacé durant les longues années de vie en France, reparaît. Son cœur qu'il a bon, généreux, saigne en apprenant chaque jour les massacres que nous narre la Presse et que la défense, dégagée de toute passion inconciliable avec le souci de la justice, ne peut que signaler sans les qualifier. Ah ! son parti à lui est vite pris !

Il est jeune, il a cette excuse de toutes les ardeurs et de tous les enthousiasmes ! L'histoire de son pays d'adoption lui apprend que nous n'avons secoué le joug que par une révolution : il est *révolutionnaire !*

Et soyez sans crainte, Messieurs, il ne commettra point ici cette lâcheté de renier quoi que ce soit de ses opinions politiques.

Je les résume en son nom : il estime que l'unique moyen pour la Russie d'arriver à une ère d'égalité, de liberté, est la révolution ; et durant l'action révolutionnaire, durant la conquête de ces biens, les plus sacrés pour l'homme qui pense, il estime que tous les instruments de guerre sont légitimes : le poignard et même la bombe !..

Mais revenons en France, sortons de ces réunions, et c'est fini ! le révolutionnaire existe en tant qu'homme qui ne cache point ses idées, mais le *bombiste* n'est plus.

Son action, en France, serait stérile. M. Victor Sokoloff

est trop intelligent pour exister lorsqu'il n'est utile à personne !

Je crois avoir dégagé cette double personnalité et je m'en voudrais d'insister davantage ; je passe, m'excusant de cet exposé long, mais nécessaire.

Un mot encore, cependant ! Des renseignements de police qui sont au dossier, puisés à je ne sais quelle source, font de M. Victor Sokoloff un homme *aux habitudes irrégulières !*

Ce langage policier m'échappe et j'en cherche en vain le sens.

Le double portrait que j'ai esquissé pourrait, au contraire, amener à penser que M. Sokoloff était *d'habitudes régulières ;* mais sur ce point il y a mieux, il y a un témoignage : celui de Mme Février, l'honorable concierge de la rue de la Pitié, chez qui depuis trois ans, habitait M. Sokoloff. C'était *mon meilleur locataire !* dit cette brave et honnête gardienne, et le Tribunal saisira toute la portée de cet éloge en songeant que dans l'immeuble confié à la vigilance de Mme Février habite un de nos confrères !..

Mais c'est trop m'attarder ; arrivons à la prévention.

On nous accuse de nous être « à Paris, en 1906, rendu sciemment complice du délit de fabrication ou détention d'engins explosifs commis par un individu dénommé Stryga, en aidant ou assistant avec connaissance son auteur dans les faits qui l'ont préparé, facilité ou consommé, ou en procurant des moyens pour servir au dit délit, ou en donnant les instructions pour le commettre ».

Permettez-moi alors, Messieurs, de me porter sur le terrain de la preuve.

Ici, où tout est de droit étroit, vous ne sauriez asseoir votre jugement sur l'*intime conviction* ; non !

La loi qui est votre directrice, la nôtre, mais aussi notre sauvegarde, veut plus. Elle veut la preuve, par des réalités matérielles, tangibles, indéniables de ce qu'avance l'accusation. A défaut de ces réalités, par des présomptions graves, précises et concordantes.

Ah ! Monsieur l'Avocat de la République, vous accusiez, avec votre beau talent, ces trois malheureux, de réticences, d'abus de la probabilité et de la possibilité dans toutes leurs réponses !

Laissez-moi, en toute courtoisie, avec la respectueuse admiration que j'ai pour votre esprit clair, net, habile à saisir les nuances, vous rétorquer l'argument !

Qu'est donc cette accusation à laquelle (heureusement pour elle !) vous prêtez le secours de cette habileté et de cette clarté que je me plais à louer ? Quelle est-elle ? Sinon un tissu de « il est possible... », « il semble bien que... » ?

Vous n'osez point entreprendre le fait précis, car vous sentez que la preuve positive qu'il est de votre devoir de faire vous échappe.

Entrons dans le détail.

Complicité dans la détention, dites-vous ?

Sans m'attarder pour le moment à rechercher quelles étaient nos relations avec Stryga, laissez moi vous dire que, sur ce point, non seulement vous n'apportez ni preuve, ni présomption, mais que, bien plus, vous me fournissez une preuve négative, que, je le répète, je n'ai cependant point à fournir ; je sais trop devant quels juristes j'ai l'honneur de plaider.

Raisonnons, en effet. Pour que je sois complice d'une détention, il faut qu'il y ait un auteur principal qui ait détenu, que je connaisse cet auteur et que je sache qu'il détient ; n'est il pas vrai ?

N'est-il pas vrai encore qu'il est de votre mission de faire la preuve de la détention par l'auteur principal ?

Laissons de côté, si vous voulez bien, tous les éléments de ce raisonnement et ne gardons que le dernier.

Avez vous fait la preuve que Stryga ait *détenu* les bombes dont il s'agit ici? Oh! certes, oui, il y en a une preuve terrible et la mort de ce malheureux, victime des engins meurtriers, est là, fait douloureux mais indéniable! Mais c'est là la seule preuve: le 3 mai, à 2 heures 18, Stryga portait certainement les deux bombes, il les *détenait* pour reprendre le mot juridique. Mais arrêtez-vous là! et ne prétendez point que le 2 mai, à un moment quelconque de la journée autre que celui-là, il les avait. *Vous n'en savez rien!* et vous ne pouvez pas le dire, vous, Ministère Public, lié, étroitement, par les règles strictes du droit pénal. Et je vais plus loin? vous ne pourriez pas prétendre que le 3 mai, à 2 heures, Stryga était détenteur des engins! nul témoin ne peut l'affirmer; le mort seul pourrait le dire.

Il n'y a pas là de ma part abus de logique, ni de rigorisme: l'instruction faite par le Parquet, qui est donc intimement liée à l'accusation, qui fait corps avec elle, a cru longtemps que les bombes avaient été déterrées de quelque cachette secrète! La Science l'a, sur ce point, fait revenir à d'autres hypothèses, mais j'ai le droit de me servir de ces tâtonnements!

Donc, seule affirmation possible: Stryga détenait les bombes *le 3 mai 1906, à 2 heures 18.* Or ce jour et à cette heure nous n'étions point à Vincennes, nous, Victor Sokoloff. Essaierez vous donc de prétendre que nous sommes complices de la détention?

La science, auxiliaire de l'instruction, va, s'il en est encore besoin, renforcer ma défense sur ce point.

La bombe, vous a dit M. l'Expert, si je l'ai compris; a été chargée peu de temps avant son explosion. Et vous-même, Monsieur l'Avocat de la République, préoccupé des mêmes préoccupations que M. le Président, vous avez demandé si ce temps était assez court pour s'exprimer en fraction de jour. Ce qui était. Or moi, je n'ai point vu Stryga depuis le 29 avril ; cela résulte de mes déclarations spontanées et vous ne prouvez point qu'entre le 29 avril et le 3 mai, moi, Victor Sokoloff, je me sois trouvé en contact avec la misérable victime de cette tragique épopée !

Et maintenant, avant que de passer à la discussion de la complicité dans la fabrication, je dois au Tribunal, je dois à l'accusation, je me dois à moi-même de préciser nos relations avec Stryga.

La trace de Stryga n'est trouvée avec certitude qu'à partir du commencement d'avril 1906 ; le 9 de ce mois, il s'installe dans l'hôtel : 8, boulevard Arago, dites-vous dans votre réquisitoire écrit, Monsieur l'Avocat de la République ! Mais quelle preuve fournissez vous à Messieurs de mes relations avec cet auteur principal ? Je cherche ; et à ma première trouvaille, je constate déjà que vous vous retranchez dans un doute :

A une époque qui n'a pu *être précisée avec certitude*, ils (les Sokoloff et Mlle Speransky) sont entrés en relations avec Stryga.

Malgré cette incertitude du début des relations Stryga-Sokoloff, établissez-vous, par quelque preuve de droit, la continuité, la régularité, voire même l'existence de mes relations ?

Non !

Et vous êtes obligé d'appeler à la rescousse tout l'arsenal des : *il est possible... peut-être que...* dont vous reprochez l'emploi à ces malheureux traqués par une accusation injuste !

La contradiction de mon dire est impossible et je la rétorque par avance, en priant le Tribunal de se reporter au passage de votre réquisitoire écrit, où vous traitez de ces relations.

J'arrive à la complicité dans la fabrication.

L'accusation n'est jamais allée jusqu'à prétendre que les bombes avaient été fabriquées chez M. Victor Sokoloff lui-même ! Ce serait alors le comble de l'invraisemblance, car, au cours des perquisitions, on n'a jamais rien trouvé qui permette de dire que le 16 de la rue de la Pitié ait été à un moment quelconque le laboratoire.

Le penser, même, serait légitimer l'arrestation du premier citoyen venu, en lui disant : vous avez commis un crime, *je m'en doute* ; il n'y a point de trace, point de preuve, mais je m'en doute, malgré tout, et cela suffit!.. Raisonnement puéril que la Justice réprouve et dont n'est point satisfaite votre soif ardente de la vérité, Monsieur l'Avocat de la République.

Au reste, le laboratoire, pourquoi donc eut-il été 16, rue de la Pitié ? Il était ailleurs, l'accusation le sait bien, il était 55 rue Monge, au domicile de Stryga ; c'est là qu'au cours des perquisitions opérées, on a découvert : du fulminate de mercure, de la poudre chloratée... côtes 216.217.219. Au moins, l'accusation, qui me dit complice dans la fabrication, va démontrer que je me suis rendu dans ce laboratoire... Mais le patron de l'hôtel sis 55 rue Monge ne m'y a jamais vu ; personne ne m'y a jamais vu... et l'accusation, pas plus ici qu'ailleurs, n'apporte l'ombre d'une preuve, parce qu'il n'y a rien contre moi. Ici, comme toujours j'argue d'une innocence totale, protestant de toute la force de ma conscience droite, honnête, loyale, contre des charges imaginaires !

Et ces relations mêmes avec Stryga, qui donc vous les a apprises? N'est-ce donc point moi qui, spontanément, vous les ai fait connaître? N'est-ce point moi qui vous ai déclaré qu'il était venu trois ou quatre fois chez moi ? Sans ma déclaration, vous les auriez peut être pressenties, vous ne les auriez point connues avec certitudes. Quelles elles furent ? demandez-vous. Oh ! d'une banalité excessive, relations de fils d'une même mère se retrouvant en terre étrangère : nous parlions du pays natal, des amis, mais jamais le mot de bombe n'est sorti de nos lèvres !

Laissez-moi ajouter ce détail typique : Lorsque M. Victor Sokoloff, avec cette tendance spéciale du Russe croyant voir partout un « mouchard », reçut la première visite de Stryga, il le prit pour un agent provocateur !

Ce détail, n'est-il pas vrai, a son importance ?

Reste à m'expliquer, d'un mot, sur trois pièces dont l'accusation fait état.

Une lettre datée de Tambow et signée Bon, un billet signé V. Marx, et enfin une lettre commençant par ces mots : « Mes ch rs ».

La lettre de Tambow, qui semble pour l'accusation une lourde charge contre M. Sokoloff, apparaît à ce dernier comme singulière. Tout d'abord elle est adressée à Mlle Speransky, et je pourrais laisser à mon excellent confrère et bon ami Me Bonzon, le soin de dire au Tribunal la valeur de cette pièce, me bornant, quant à moi, à plaider que je l'ignore ! Mais vous n'attendez point de moi cette faiblesse coupable de me déclarer ignorant de l'un des actes de cette eune femme; de ma femme, enfin ! Discutons donc cette pièce, mais très vite. Elle est dans la forme et dans le fond très étrange. Dans la forme : car M. Sokoloff ne reconnaît point l'écriture de ce Bon qui correspondait parfois avec sa compagne ; bien plus encore, elle est écrite en langage conventionnel et il se trouve que les mots qui pourraient aider à étayer l'accusation sont écrits en clair, alors que des phrases sans importance sont en caractères secrets ! Mais étrange plus encore dans le fond : les mots « mèche » et « capsules » y sont accotés au mot fulminate de mercure !

c'est là une véritable hérésie, car, où est employé le fulminate
point n'est besoin de mèches ni de capsules !

L'hérésie s'accentue encore dans cette phrase où l'on
demande l'envoi du fulminate de mercure. Point n'est besoin
d'avoir en chimie de connaissances approfondies pour savoir
que le fulminate n'est transportable qu'en suspension, et
qu'il est aisément préparable. Il serait donc plus logique de
fabriquer en Russie que de se faire envoyer de France cette
substance explosive.

M'attarderai-je encore ? Non, n'est-ce pas, et vous pensez,
Messieurs, que cette lettre aurait pu rejoindre des cartes
expédiées de Bordeaux ou d'ailleurs, dans lesquelles l'accusation n'a vu qu'une grossière provocation !

Quant au billet V. Marx, je suis surpris qu'il en soit
encore parlé ici, et je pensais que la prévention ne repren-
drait point une discussion sur une pièce que l'accusation
semblait avoir classée !

Sur ce point, mes observations ne peuvent et ne doivent
être que très brèves. Vous savez, Messieurs, que le billet
dont s'agit se situe par à peu près en janvier ; or, à cette
époque, et c'est mon éminent contradicteur qui le dit, Stryga
n'est point venu à Paris ; comment, dès lors, ce chiffon de
papier eut-il été sa lettre d'introduction ? Mais bien plus !
vous vous souvenez des déclarations précises de Mlle
Goldsmith qui, elle aussi, a reçu le mystérieux porteur du
billet V. Marx ? Ne vous a-t-elle donc point suffisamment
démontré que le « recommandé » n'était autre qu'un certain
Tchigikoff, condamné à mort en Russie, ayant traversé notre
ville en janvier, et, depuis, réfugié en Angleterre ?

Je vous rappelle, Messieurs, d'un mot, ce témoignage et je
passe à la dernière pièce : la lettre *Mes chers*.

Ah ! que je suis surpris de vous voir faire état de pareille
missive, Monsieur l'Avocat de la République, vous surtout,

3

l'historien délicat, le lettré que nous aimons tous ! Qu'y trouvez-vous donc en ces pages enflammées? Du style révolutionnaire, c'est exact, des préoccupations d'organisation, c'est encore exact..., mais y voyez-vous une allusion aux faits que vous nous reprochez?... Ah ! prenez garde, la pente est glissante et d'un mot, vous pourriez nous laisser croire à l'existence d'un délit d'opinion !

Mais reprenons notre raisonnement général et cherchons si l'intérêt, qui est la mesure de nos actions, pouvait guider M. Victor Sokoloff en quelque chose ?

Ainsi que mon client l'a dit au début de son interrogatoire, il devait, le 4 mai, quitter Paris pour Duquesne Pensylvanie.

Invention pour les besoins de la cause ou précaution, va-t-on nous objecter ? Il faudrait d'abord prouver ces assertions et leur invraisemblance est telle que notre habile adversaire n'y essaiera pas ?

La correspondance entre M. Sokoloff, ingénieur à Duquesne et son frère, mon client, serait sur ce point décisive et montrerait, s'il en était besoin, que le projet de voyage était depuis bien des mois déjà caressé par les deux parents.

Et j'ai fini.

De tous vos arguments, accusation cruelle, impitoyable, que reste-t-il? Rien ! sinon la constatation irréfutable de leur invraisemblance.

Et vous, Messieurs, qu'allez-vous faire en présence de cet homme qui, placé en cellule, sous une étroite surveillance de nuit et de jour, a souffert les pires tourments moraux ?

Vous allez acquitter, montrant ainsi que, devant les Tribunaux de droit commun, la justice est égale à tous les degrés et que point n'est besoin pour faire éclater l'innocence d'épuiser tous les degrés de juridiction,

Par là, vous ferez justice, pleine, entière, d'une accusation cruelle et décevante; et vous montrerez à notre éminent adversaire que mieux vaut souvent se servir d'un *non lieu*, comme pour les Rubinstein (1), que d'être acculé à une faillite totale.

A la suite de cette plaidoirie, Victor Sokoloff a été acquité.

---

(1) Rose Feld et le Me Rubinstein furent un instant impliqués dans cet affaire et bénéficièrent d'une ordonnance de non-lieu.

LE PROCÈS
D'UNE SUFFRAGETTE

TRIBUNAL CORRECTIONNEL DE LA SEINE
(9ᵉ Chambre)

AUDIENCE DU 16 JUILLET 1008
Présidence de M. PACTON

Plaidoirie de Mᵉ Henry-Millié [1]
Défenseur de Mᵐᵉ MADELEINE PELLETIER.

MESSIEURS,

Vous n'attendez pas de moi une apologie du féminisme, ni même une étude du mouvement féministe en France et à l'étranger ! Si je me laissais entraîner sur ce terrain, j'abuserais de vos précieux instants et je servirai ainsi bien mal les intérêts dont je suis chargé !

Aussi bien, s'il suffisait aujourd'hui pour nous défendre d'exposer les revendications féminines, de les justifier et d'en conter l'évolution, Mme Pelletier, que j'ai le très grand honneur d'assister, ne m'eût point laissé cette tâche, mais vous aurait demandé la permission d'y satisfaire elle même. Permettez-moi d'ailleurs cet aveu, qu'elle serait bien mieux qualifiée que son avocat pour vous décrire un mouvement qu'elle a suivi avec une activité singulière.

Je sais votre indulgence toute acquise aux délinquants

(1) Extrait de la Revue des Procès Célèbres, n° 12, Décembre 1908.

qu'une excitation passagère, qu'une passion a poussés à enfreindre les défenses de la loi pénale, et j'ai hâte d'arriver à la poursuite qui nous est intentée.

La personnalité de ma cliente n'est pas indifférente aux débats et je suis persuadé que le Tribunal ne me gardera point rigueur de lui prendre quelques secondes pour l'exposer.

Le docteur Madeleine Pelletier est, Messieurs, interne des Asiles de la Seine. Sans fortune, cette femme admirable a travaillé avec une rare énergie et une opiniâtreté digne de louanges. Se présentait-elle au baccalauréat, c'était pour pour courir à un succès qu'augmentait encore la mention « très bien » portée sur son parchemin. A la Faculté de Médecine, elle est la travailleuse infatigable, ambitieuse et, lorsqu'elle soutient sa thèse sur « Les lois morbides de l'association des idées », c'est sans étonnement pour ses condisciples et pour les auditeurs que le Président de soutenance proclame l'admission avec la mention « extrêmement satisfait ».

De tels lauriers ne sont point lourds à porter pour ma cliente qui, libérée du souci des examens, se remet au labeur et nous donne, coup sur coup : *L'Echo de la pensée et la parole intérieure, Objet et méthodes de l'anthropométrie, La morale et la lutte pour la vie, La prétendue dégénérescence des hommes de génie, L'hérédité psychologique.*

Mme Pelletier, hélas, se heurte bientôt à la concurrence masculine, concurrence contre laquelle la lutte est d'autant plus difficile qu'elle s'abrite derrière une série de règlements. Ma cliente, pensant, non sans apparence de justice, que le mérite n'a pas de sexe, entreprend la lutte contre de vieux errements administratifs chers à ses confrères du sexe fort.

Nul ne sera interne des Asiles de la Seine s'il n'est homme, dit un vieux règlement. Mme Pelletier ne se repose

qu'après en avoir obtenu l'abrogation formelle et il faut que
je salue en elle la première interne des Asiles de la Seine.

Je parle de vous, docteur, plus que vous ne me l'avez
permis. Que votre modestie ne vous porte point à m'en faire
grief! Il importe que je dise, en vous présentant au Tribunal,
combien on a juste fierté de connaître le savant que vous
êtes, combien est justifiée l'admiration de tous ceux qui vous
connaissent. J'abandonne, d'ailleurs, bien vite l'incursion
que je me suis permise dans votre vie pour ne plus
m'occuper que de la délinquante et du délit qui l'amène
devant la Justice...

Je ne me suis occupé jusqu'à présent, Messieurs, que du
docteur Madeleine Pelletier, et j'ai volontairement négligé
de vous fournir quelques renseignements sur Mlle Pelletier.
Il est vrai que mon éminent contradicteur a pris soin de
parer à ma négligence. Ceux qu'il a recueillis sont à la fois
si bons et si plaisants que vous lire le rapport d'agent qui
les renferme, me dispensera d'à peu près tout commentaire.

La demoiselle Pelletier, dit l'honorable Inspecteur de la Sûreté,
habite, depuis deux ans environ, 62 rue Damrémont, où elle occupe
seule un logement du prix annuel de 400 francs.

Elle exerce la profession de docteur en médecine, s'occupe
beaucoup de politique, mais néanmoins aucune remarque défavorable
n'a été faite sur elle jusqu'à ce jour.

Je vous disais, Messieurs, que cette lecture me permettrait
d'éviter à peu près tout commentaire ; laissez-moi cependant
souligner une phrase, une seule... et vous l'entendez
avant que je la relise, tant sa structure vous a fait sourire,
tant est amusante la conclusion de l'Inspecteur de la Sûreté.

La demoiselle Pelletier, dit-il, s'occupe beaucoup de
politique, « mais NÉANMOINS aucune remarque défavorable
n'a été faite sur elle jusqu'à ce jour ! »

Oh ! ce néanmoins ! combien il est délicieux. Cet Inspecteur de la Sûreté, s'il n'est, comme tous ses pareils, un fin limier, a certes toutes les qualités requises pour paraître à nos yeux un psychologue éminent...

Je me suis attardé à ces présentations et je m'en excuse. Il fallait, n'est-il pas vrai, que vous connussiez complètement la délinquante pour juger le délit, et je vais maintenant pouvoir aller très vite.

Les incidents de la période électorale dernière sont trop présents à vos esprits pour que je me laisse aller à vous les rappeler. La campagne électorale de Mlle Laloë contre M. Escudier, d'aucuns ont dit folie, disons chimère, les manifestations masculines, féminines, tout cela, c'est d'hier et vous l'avez, comme nous, suivi trop attentivement pour l'avoir oublié. Une très courte parenthèse doit trouver ici place. Ma cliente, dans ses explications personnelles, regrettait de ne point voir les femmes posséder cette arme redoutable qu'est le bulletin de vote. Il est bien certain que si, au lieu d'être la demoiselle Pelletier, ma cliente avait été le citoyen Pelletier, électeur, nous aurions pu solliciter et obtenir de vous des remises qui nous auraient permis d'attendre une loi d'amnistie que le législateur aurait peut-être songé à voter... Mais nous sommes femmes ! *de mulieribus non curat princeps.* Force nous est de plaider tout de suite, sachant bien qu'on n'a pas le temps en haut lieu de songer à une mesure de clémence dont nous serions les bénéficiaires...

Il va falloir, Messieurs, que vous prononciez une condamnation, car vous êtes en présence d'un fait délictueux incombant au docteur Pelletier, et dont la preuve la meilleure est faite puisqu'elle résulte des aveux mêmes de ma cliente. Vous ne le ferez pas sans modération ; ce serait contraire à toute votre jurisprudence; Mme Pelletier, d'ailleurs, est digne de toute votre bienveillance, vous le savez. Vous sentez

que son geste, peut-être violent, était un geste nécessaire...
Il ne se fait point de révolution sans que quelque Bastille ne
soit démolie. A la tête de quelques « suffragettes », ma
cliente s'est lancée à l'assaut d'une section de vote et vous
ne serez point inflexibles si au cours de l'assaut elle a brisé
une vitre.

C'est une idée, Messieurs, qui a tué Marat, c'est une idée
qui a brisé le carreau de la salle d'école de la rue de
l'Arbalète ! Un mot et j'ai fini. Ce carreau valait bien vingt
sous... Ma cliente est prête à réparer le préjudice causé en
le faisant remplacer. Je m'arrête là, Messieurs ; je trahirai
peut-être sa pensée et sa confiance si je vous affirmais qu'elle
ne le cassera pas à nouveau aux élections prochaines.

LE JUGEMENT

Attendu que le motif qui a fait agir Mlle Pelletier doit être
pris en considération...

... Mlle Pelletier est condamnée à *16 francs d'amende
avec la loi de sursis.*

Un Point de Droit Littéraire

LE MANUSCRIT DE " MAROUSSIA "

TRIBUNAL CIVIL DE LA SEINE (7ᵉ Chambre)
AUDIENCES DES 22-29 JANVIER, 5 FÉVRIER 1908
Présidence de M. FRANÇOIS-PONCET

Plaidoirie de Mᵉ Henry-Millié [1]
POUR Mᵐᵉ PEDERAY DE HAUTESERRE.

MESSIEURS,

M. Jules Z...., notre adversaire en ce débat, est un parfait publiciste. Une lecture de ses articles dans l'*Echo de Paris*, un simple coup d'œil sur le procès actuel, permettent d'affirmer sans conteste que rien de son métier ne lui est inconnu.

Ses écrits, alliance d'une forme agréable et d'une documentation consciencieuse, révèlent les soins constants que le journaliste prend de se tenir au courant de toutes choses ; ne nous étonnons donc pas outre mesure de le voir renseigné à merveille sur ce que d'un mot heureux on a appelé *la procédure d'Agen*.

L'examen des œuvres de M. Z... vérifie surabondamment la première partie de ma pensée ; pour confirmer la seconde, il me suffira, Messieurs, de vous narrer quelles péripéties nous avons dû subir avant que de venir à l'audience que vous nous faites l'honneur de nous accorder.

---

[1] Extrait de la Revue des Procès Célèbres, Nᵒ 12, Décembre 1908.

Si le qualificatif désormais applicable à la procédure suivie par l'appelant est nouveau, la procédure elle-même est bien vieille déjà, et vous l'avez jugée bien souvent. Assigné devant le Tribunal de Paix du XVIIe arrondissement, M. Z.. fait défaut et nous laisse prendre jugement le 27 février 1907. Le titre pour nous est fragile et, ne trompant point nos prévisions, le défaillant nous avise de son opposition alors que nous nous présentons pour exécuter. Le reste, aisément, se devine; nous assignons en débouté d'opposition et nous obtenons d'autant plus facilement satisfaction qu'à l'audience du 11 juin 1907, où il était convié, M. Z... ne daigne pas répondre. Il restait une voie: l'appel; l'adversaire s'y engage bien vite, usant du troisième moyen dilatoire que la loi met à sa disposition. J'ai bien le droit, n'est-il pas vrai, de qualifier ainsi le geste du plaideur qui, deux fois défaillant, interjette appel et pour toute procédure se borne à la signification de l'acte d'appel et des conclusions les plus banales?

Je pourrais peut-être, Messieurs, m'en tenir à cette sèche énumération et vous jugeriez, j'en ai l'intime conviction, que le but de cet appel est uniquement de retarder l'exécution de la sentence prononcée par l'honorable Juge de Paix; vous débouteriez M. Z... de toutes ses demandes, fins et conclusions. Le Tribunal me permettra cependant une brève relation des faits qui ont provoqué des débats si nombreux.

Mme Peberay de Hauteserre est la fille d'un avocat russe, et nous devons nous féliciter qu'elle ait gardé de son pays natal, de ses compatriotes, de leurs mœurs, de leurs habitudes, les souvenirs les plus précis, car elle a pu ainsi écrire deux délicieux romans: *Abnégation* et *A quoi bon vivre*, remplis de tableaux d'une telle exactitude, d'un tel coloris que, les ayant admirés, la Russie, les Russes nous deviennent familiers.

Le succès de ces deux volumes fut grand et leur auteur, caché sous le pseudonyme de *Nadège Nastri*, prit rang parmi les écrivains de talent.

La fortune heureuse encourage et rend audacieux : une idée, apparue d'abord comme une chimère, comme une espérance, mais, hélas, irréalisable, prend corps peu à peu. Pourquoi Mme Nadège Nastri qui, favorisée par le destin, connut l'édition facile, la vente rapide pour ses deux romans, ne tenterait-elle pas un autre genre ?

Sur le métier, un manuscrit, *Ma oussia*, dit tout haut un rêve fait tout bas : être jouée, connaître l'émotion des applaudissements d'un public attentif ! De quels soins cet ouvrage n'est-il pas l'objet ? Sans cesse, il est *poli et repoli*, cent fois il est remis sur le chantier ! En ces feuillets tient un peu d'espoir, et cet espoir grandit après une lecture des quatre actes à un petit comité. Les louanges, en effet, sont unanimes : la pièce est parfaite, la thèse séduit et captive, l'action est soutenue sans aucune faiblesse ; mais cependant, l'avis est général, la pièce manque de ce je ne sais quoi qu'en argot de coulisses on appelle *du théâtre*. Certaines conventions du métier n'y sont point respectées, certains *petits trucs* sont méconnus ; dans le petit chef-d'œuvre, on devine par trop l'inexpérience et la timidité du débutant. Il n'est pas, du reste, difficile de remédier à ces très légers inconvénients ; un homme d'une compétence éprouvée pourra indiquer ces petits riens nécessaires ; reste à choisir ce « collaborateur ».

M. Teyssier, ami de la famille Peberay de Hauteserre, désigne M. Jules Z... comme le magicien habile qui, d'un coup de sa baguette, mettra l'ouvrage au goût du plus difficile des critiques. M. Jules Z... est rédacteur attitré de *l'Écho de Paris*, auteur joué et fêté ; la Renommée a fait un sort heureux à son nom, même par delà les frontières de

notre pays. Le théâtre de la Nature de Cauterets n'a-il pas
réuni Espagnols et Français dans la plus cordiale des émo-
tions? Mon excellent confrère et ami Me Cornet, au début de
sa plaidoirie, disait tout le bien qu'il pense de M. Z...., le
Tribunal me permettra de m'associer à l'éloge fait à cette
barre du publiciste et de l'auteur dramatique.

La simple énumération des titres de l'adversaire fait
accueillir avec joie la proposition de M. Teyssier; Mme Peberay de Hauteserre est mise en rapport avec M. Z... à qui
elle soumet les quatre actes pour lesquels on sollicite sa
collaboration.

Quel doux espoir ma cliente ne sent-elle pas naître en
constatant que le premier mot du *maître* est un mot d'éloge !
Les compliments les plus flatteurs lui sont prodigués mais...
pour adapter *Maroussia* à la scène, M. Z... demande
mille francs!

La somme paraît quelque peu élevée et la lutte est violente
entre les deux personnes qui vivent en Mme Peberay : la
mère de famille, soucieuse de ne rien retrancher aux ressources du ménage ; la femme de lettres, qui voit flamboyer
devant ses yeux l'affiche annonçant les représentations de
son œuvre.

Les bonnes raisons de la mère de famille se heurtent à
cette invariable réponse de la femme de lettres : *Maroussia
sera jouée*. La lutte, toutefois, ne se termine pas par une
victoire complète de celle ci ; les deux antagonistes transi-
gent ; les mille francs seront fournis, *Maroussia* sera jouée,
mais la dépense sera cachée à M. Peberay de Hauteserre !

Par ordre de Mme Peberay, la « Direction der Disconto
Gesellschaft », de Berlin, adresse un chèque de cinq cents
francs à M. Teyssier, le 8 février 1906 ; le montant en est
remis à M. Z... La somme demandée n'est fournie qu'à
moitié, il faut la parfaire. Ma cliente imagine alors un

procédé que la femme de lettres a pu excuser, mais que la mère dut trouver douloureux. Elle fait un choix parmi ses bijoux, triant ceux qu'on porte rarement, ceux dont on peut se séparer même, sans que les familiers s'en aperçoivent, et prie l'intermédiaire complaisant qu'est M. Teyssier de les remettre au Mont-de-Piété... Et cette administration, Providence des écrivains et des sultans, dans un geste généreux, complète, par un prêt de cinq cents francs, le billet de mille que demande le collaborateur.

La somme est trouvée; on la fait tenir à M. Jules Z... qui, verbalement, s'engage à livrer son manuscrit le 20 avril 1906.

Le 15 février 1906, jour du versement des premiers cinq cents francs, M. Jules Z... délivra de ceux-ci un reçu qu'il est important de faire connaître dès à présent :

Reçu de Mme Peberay, la somme de cinq cents francs remboursables sur les droits d'auteurs de la pièce *Maroussia*, droits d'auteurs que nous devons partager.

Paris, le 15 février 1906.

Signé : J. Z...

Il faut avouer que cette pièce était bien faite pour rendre plus fortes les espérances de ma cliente. Quelles joies elle dut ressentir en lisant la signature de M. Z... au bas de ces lignes :

Remboursables sur les droits d'auteurs que nous devons partager...

Il y aura des droits d'auteur ! C'est donc que *Maroussia* sera jouée !

Le rêve devient réalité, car il faut croire M. Z... sur billet : l'affirmation de cet homme compétent équivaut à une certitude !

Le Tribunal se souvient que la somme promise fut parfaite

par un second versement de cinq cents francs; il était important, pour Mme Peberay de Hauteserre, de se ménager la preuve écrite de ce second versement: elle en demande un simple reçu. Les réclamations restent vaines, les lettres reçoivent des réponses évasives, une conversation est difficile, M. Z... est si rarement à Paris..., il l'écrit tout au moins; une très courte lecture va nous édifier :

L'ÉCHO DE PARIS
    6, place de l'Opéra   Paris, le 20 février 1906.
        Rédaction

MADAME,

Je viens de recevoir votre petit mot. J'eusse été moi-même fort heureux de causer avec vous, mais j'espère que cela ne sera que partie remise. Ainsi qu'a dû vous le dire mon ami, M. Teyssier, j'estime que *Maroussia* contient une très excellente idée de pièce, mais qui demande à être remaniée complètement pour être adaptée à la scène française. Je crois que, cela fait, *Maroussia* donnera un drame excellent et fort intéressant. J'y travaille tous les jours.

En ce qui concerne le reçu que vous me demandez, je l'ai remis à M. Teyssier le jour même de mon retour de voyage et il vous le remettra dès qu'il aura le plaisir de vous voir.

Veuillez agréer, Madame, l'expression de mes sentiments respectueux et dévoués.   Z...

                              Jeudi, 15 mars 1906.

CHÈRE MADAME,

Je rentre à l'instant d'un voyage assez long et je voudrais bien pouvoir vous fixer le rendez-vous que vous me demandez. Mais il faut que je reparte demain matin pour le Pas-de-Calais.

Cependant cela n'est pas sûr, et si vous voulez à tout hasard passer chez moi, 124, avenue de Villers, demain vendredi à 11 heures du matin, je serai très heureux de vous recevoir.

Veuillez agréer, chère Madame, l'expression de mes plus respectueux sentiments.   Z...

Le Tribunal voit que mon appréciation n'était point exagérée. Dans la première lettre, M. Z... fait naître une confusion entre les deux versements d'argent, dans le seconde, il n'en parle plus. Il est vrai qu'on pourra *peut-être à tout hasard* causer avec lui le lendemain.

Quant à son travail, il s'y donne tous les jours — 1re lettre — mais il s'arrête à peine à Paris — 2e lettre — il doit s'y livrer dans le train...

Cependant les mille francs ont bien été remis à notre adversaire; nous saurons bien le contraindre à des aveux !

Les mois s'écoulent lentement au gré de Mme Peberay; mais tout arrive, même le 20 avril 1906 ; seul, le manuscrit retouché ne rentre pas au bercail. M. Peberay de Hauteserre, mis alors au courant de l'opération de sa femme, écrit à M. Z...

Le délai convenu est peut-être un peu court, nous attendrons jusqu'au 1er juin 1906.

Mais la Trinité se passe... le 1er juin aussi... le manuscrit ne revient pas. Le 2 juin, Me Gambier, huissier, précise la convention par une sommation qu'il faut lire.

L'an mil neuf cent six, le deux juin. A la requête de Mme Peberay, de Hauteserre, en littérature Nadège Nastri, et de M. Peberay de Hauteserre, son mari, tant en son nom personnel que pour la validité à l'égard de son épouse, demeurant à Paris, 133, boulevard Pereire ; élisant domicile en leur demeure.

J'ai, Emile-Alexandre Gambier, huissier près le Tribunal Civil de la Seine, séant à Paris, y demeurant, avenue des Ternes, 22, soussigné, dit et rappelé à M. Jules Z..., publiciste, demeurant à Paris, 124, avenue de Villiers, en son domicile où étant et parlant à une femme à son service, ainsi déclaré :

Qu'au mois de février 1906, il est intervenu entre mon requérant et lui la convention verbale suivante :

Mme Peberay de Hauteserre, auteur d'une pièce dramatique intitulée *Maroussia*, remettait, entre les mains de M. Z..., qui devenait ainsi son collaborateur, le manuscrit de la pièce dont s'agit ;

M. Z..., de son côté, s'engageait à adapter à la scène le manuscrit à lui confié et à le restituer à la date du 20 avril 1906. Qu'à cette date, M. Z... n'ayant pas terminé le manuscrit dont il était chargé, M. Peberay de Hauteserre, intervenant, lui accorda de plein gré un nouveau délai prorogeant le terme définitif à fin mai 1906.

Qu'en outre, M. Z... est débiteur de la somme de mille francs, par suite d'engagement verbal pris par lui envers Mme Peberay de Hauteserre.

Qu'en ce qui concerne la dite somme, M. et Mme Peberay de Hauteserre font toutes réserves de leurs droits de poursuite devant telle juridiction qu'il appartiendra.

Lui déclarant, en outre, que le nouveau délai à lui consenti par simple bienveillance étant aujourd'hui expiré, ma requérante entend par le présent exploit dénoncer la convention verbale ci-dessus rappelée.

Qu'elle entend, en conséquence, rentrer, sur le champ, en possession du manuscrit sus-indiqué et dans l'état où elle l'a remis à M. Z...

Qu'elle entend, en outre, être remboursée des mille francs prêtés au dit M. Z...

Lui déclarant, en outre, que la présente signification lui est faite pour valoir ce que de droit et que, faute d'y obtempérer, il y sera contraint par tous les moyens de droit.

La sommation est nette, précise ; mais elle reste sans effet.

Les règles étroites de la preuve nous gênent un peu pour introduire une instance civile ; il faut qu'une solution rapide intervienne. M. Peberay de Hauteserre dépose au Parquet une plainte contre M. Z... Le 29 juin 1909, convoqué au Commissariat de police de la plaine Monceau, M. Z... prend l'engagement formel de restituer le manuscrit *le soir même*.

Quant aux mille francs, il ne sait ce que cela veut dire et, je supplie le Tribunal de retenir ceci, *il affirme au magistrat enquêteur n'avoir reçu que cinq cents francs* : « du reste, ajoute-t-il, je garde cette somme comme juste récompense de mon travail, puisque j'ai terminé mes retouches *à un acte !* »

La plainte est classée, et nous nous retrouvons gênés par la question de la preuve quant à la remise des seconds cinq cents francs ; le manuscrit, bien entendu, ne nous est pas restitué malgré la promesse ; on use alors de la procédure de citation directe. Notre adversaire n'est point un homme qu'on fait comparaître à son gré à une barre de Justice. Il est tantôt en Tunisie, tantôt en conférence avec M. le Ministre de la guerre... et ce sont là d'excellents motifs pour solliciter quatre remises, merveilleux moyens pour gagner du temps !

Le 22 novembre 1906, la 11e Chambre du Tribunal nous donne audience. M. Z... daigne comparaître. Il semble cette fois gêné, car il vient d'apercevoir M. Teyssier, cité comme témoin ; il sait que celui-ci va déclarer lui avoir remis mille francs en deux versements, et il se décide à ne pas être en contradiction avec le témoin. Avec un sensible plaisir, nous apprenons à cette même audience que trois actes du manuscrit sont retouchés !

La preuve que nous cherchons est désormais acquise ; nous réservant de faire valoir, au Civil, tous les droits que nous prétendons avoir, nous sollicitons la suppression de l'affaire correctionnelle qui nous est accordée. Avant que de recourir à nouveau à la Justice, M. Peberay de Hauteserre veut essayer de transiger avec M. Z..., le 12 décembre 1906, avec un esprit de conciliation que le Tribunal appréciera, il lui écrit :

Paris, 12 décembre 1906.

M. Z..., à Paris,

Je viens vous prier de bien vouloir me faire connaître ce que vous entendez faire du manuscrit de *Maroussia* ainsi que des mille francs à vous remis par ma femme, en littérature Nadège Nastri ; car en définitive, vous ne prétendez pas garder par devers vous le manuscrit et l'argent ? Ce serait un peu trop sans gêne ! Je viens, avant de vous assigner à nouveau, vous proposer un arrangement amiable. Vous avez dit l'autre jour, devant le Tribunal correctionnel, que vous aviez travaillé au manuscrit sur trois actes. J'ose bien le croire, tout en faisant à ce sujet mes réserves ; mais passons. Pour ce prétendu travail exécuté par vous, je vous offre quatre cents francs. Vous n'auriez à restituer que six cents francs, le manuscrit et les trois actes payés. Si mes conditions n'étaient pas à votre convenance, j'aurais le regret de continuer contre vous des poursuites judiciaires.

En attendant votre réponse..., etc.

La lettre n'eut aucun succès. Il fallut recourir à l'assignation en Justice de Paix, nous en tenant aux termes de la lettre que je viens de faire passer sous les yeux du Tribunal.

Notre demande, Messieurs, est bien simple. M. Z... a reçu mille francs à charge par lui de faire un travail déterminé et de livrer ce travail le 20 avril 1906. Il ne l'a point fait. Nous accordons crédit à sa parole qu'il a travaillé un peu, et pour l'en remercier, nous lui abandonnons cinq cents francs ; nous lui réclamons, par contre, cinq cents francs à titre de restitution, quatre-vingt-dix-neuf francs à titre de dommages-intérêts et nous vous prions de lui adjoindre de nous rendre *Maroussia*.

La preuve de la remise des mille francs par Mme Peberay de Hauteserre, seule, sans autorisation de son mari, résulte du débat correctionnel. Il ne saurait être douteux, à cette heure, que, pour justifier la demande d'une telle somme, M. Z... devait fournir un travail déterminé en un temps donné. Or, notre adversaire n'a satisfait à aucune de ses obligations, bien que mis en état de demeure par l'acte extra-judiciaire du 2 juin 1906.

Est-il besoin de légitimer notre demande de dommages-intérêts ? M. Z..., en retardant la remise du manuscrit de *Maroussia*, a causé à Mme Peberay un préjudice que, très modestement, nous évaluons à quatre-vingt-dix-neuf francs. Ma cliente, qui a eu déjà les honneurs du théâtre, qui, par une exquise ironie, a fait jouer, il y a quelques jours à peine, *On demande un collaborateur*, ma cliente était en pourparlers avec différents directeurs de théâtre au sujet de la pièce nouvelle ; elle avait pris des engagements basés sur ceux de M. Z..., elle a dû les rompre à cause de celui-ci. Il y a là une source de préjudice que le Tribunal appréciera et notre demande paraîtra, j'en suis persuadé, des plus modérées.

Il faut, avant de finir, que je dise deux mots de la thèse

adverse ; on émet aujourd'hui deux prétentions : l'une renouvelée des débats correctionnels, l'autre toute nouvelle mais fort habile.

La première tient en cette répon faite parse le défendeur à l'audience de novembre 1906 :

« Il est exact que j'ai reçu mille francs, mais Mme Peberny m'avait promis le double ; comme elle ne me l'a pas donné, je n'ai pas exécuté la convention qui nous lie ».

C'est une prétention facile. Mais est-elle corroborée par quelque fait de la cause ? J'en cherche une preuve et je n'en trouve aucune ; nulle présomption même ne permet de lui donner quelque crédit. Enfin, Messieurs, il suffit que je rapproche la réponse du 29 juin 1906 au Commissaire de police de celle du 22 novembre à Messieurs de la 11e Chambre, pour qu'aussitôt il vous apparaisse que nous sommes en présence d'un moyen de défense insoutenable et peu sérieux.

On plaide encore : En notre matière, il ne saurait être question de délais stricts. L'inspiration est une fugitive qu'on appelle parfois en vain ; avant le 20 avril, elle est restée sourde à nos accents...

La thèse est habile et spirituelle, mais pourquoi la soutenir aujourd'hui pour la première fois ? Si nous avons pris date pour la remise de votre travail, c'est d'accord avec vous, sans objection de votre part. Pourquoi en février 1906, au temps de la convention, n'avez-vous pas fait prévoir un retard possible ? Pourquoi n'avez vous pas argué des caprices de l'Inspiration, lors de la sommation du 2 juin 1906 ?

A la vérité, vous cherchez tous moyens de justifier votre manière d'agir, mais j'ai confiance dans la sagesse du Tribunal, et je suis persuadé qu'il sera fait droit à toutes nos demandes par un jugement que j'attends sans inquiétude !

AUDIENCE DU 29 JANVIER

Observations de M° Henry-Millié

MESSIEURS,

A huitaine dernière, vous aviez décidé qu'un crédit nouveau serait accordé à notre adversaire à charge par lui de justifier aujourd'hui qu'il a fait un travail sérieux comportant l'honoraire demandé et obtenu.

M. Z... qui aime par plaisir peut-être, certainement par habitude professionnelle, les confusions et à qui on a parlé de *manuscrit*, remet aujourd'hui au Tribunal de nombreux feuillets. Mais c'est le manuscrit primitif, c'est le manuscrit écrit par Mme Nadège Nastri. S'étonnant qu'il ait pu être un instant question de son travail personnel, l'adversaire nous déclare qu'il ne peut l'apporter à la barre, puisqu'il a été remis à l'Ambigu. A l'appui de cette affirmation, on me communique la lettre suivante :

Paris, 24 janvier 1908.

MON AMI Z...,

J'ai lu et relu ton drame *Maroussia* que tu m'avais remis cette année. Je l'ai trouvé dans la bonne note et je n'hésite pas à te l'écrire. Si j'étais resté à mon vieux théâtre, je l'aurais monté et comment ! comme on dit chez nous.

Amitiés.   Georges GRISIER.

Sa date prouve plus encore que son texte qu'elle émane d'une amicale complaisance, et comment ! oserais-je dire tout bas dans ce prétoire ! Ecrite entre les deux audiences, que prouve cette lettre ? Le dépôt à l'Ambigu ? Mais pas le moins du monde ! M. Grisier n'est plus directeur d'aucun théâtre depuis trois mois au moins !

Les meilleures plaisanteries sont celles qui ont une fin, et je supplie le Tribunal de rendre en cette affaire le jugement que nous attendons !

Il restera une délicieuse vengeance pour M. Z... Si quelque jour sa Muse le conduit à écrire une revue, au succès de laquelle j'applaudis par avance, il aura loisir, en souvenir du procès actuel, d'y insérer les couplets du *Manuscrit balladeur*, et il les pourra utilement dédier aux débutants qui cherchent un collaborateur !

Le Drame du Boulevard de Clichy.

AFFAIRE CASSASSUS

COUR D'ASSISES DE LA SEINE
AUDIENCE DU 26 FÉVRIER 1910
Présidence de M. le Conseiller PLANTEAU

Plaidoirie de Mᵉ Henry-Millié [1]

————•ooo⊃ε(oo•——·—

MESSIEURS DE LA COUR,
MESSIEURS LES JURÉS,

Dans une affaire aussi délicate que celle que vous avez à solutionner, vous n'en voudrez pas au défenseur de débuter dans ses explications par un exposé un peu aride. Je tiens, avant que de vous développer les moyens de défense, à vous éclairer sur les conséquences du verdict, que mes contradicteurs, avec un talent que j'admire et que j'envie, s'efforcent de vous arracher.

Deux questions vous seront tout à l'heure posées : Mlle Cassassus est-elle coupable d'avoir, à Paris, porté des coups et fait des blessures à René Landais ? Voilà la première. Les dites blessures ayant entraîné la mort, sans intention de la donner ? Voilà la deuxième. Si vous répondiez affirmativement aux deux questions, la Cour, maîtresse de la peine, devrait condamner ma cliente aux travaux forcés à temps ; le

(1) Extrait de la Revue des Procès Célèbres nᵒ 5, Mai 1910.

bénéfice des circonstances atténuantes permettrait d'abaisser
la peine à la réclusion, voire même à la prison. Votre
réponse négative à la deuxieme question, affirmative à la
première, ferait du crime que vous avez à juger un simple
délit, puni de l'emprisonnement, et, si vous admettiez encore
qu'il soit possible d'accorder le bénéfice des circonstances
atténuantes, la Cour pourrait alors donner à Mlle Cassassus
la loi de sursis. Vous savez, cependant, que M. l'Avocat
Général s'opposerait, dans la limite de son pouvoir, à cette
mesure ; avec sa grande loyauté, il a tenu à vous en aviser
lui-même.

Désormais, il n'y a plus de crainte de surprise, entre
nous ; vous êtes avertis des peines qui peuvent suivre votre
réponse ; nous pouvons examiner les faits.

Mon excellent confrère, Me Ernest Lafon, vous disait, il y
a un instant à peine : Je suis ici pour que Mlle Cassassus
n'outrepasse pas ses droits dans la défense, pour exiger d'elle
qu'elle respecte une famille qu'elle a cruellement affligée.
Je tiens à vous rassurer. Au seuil de ce procès si tragique-
ment douloureux, il importe que j'affirme que nous respecterons la mémoire du malheureux garçon qui a trouvé la mort
dans les tristes circonstances que vous connaissez ; que nous
respecterons la douleur de ce pauvre père. M. Landais a cru
de son devoir d'intervenir au procès comme partie civile ;
comme tel, il m'appartient, je pourrais discuter ses déposi-
tions, détruire ses affirmations ; ma tâche m'apparaît toute
autre. Je respecterai sa douleur, sans discuter sa haine.
Parlant ce langage, je suis sûr, Messieurs les Jurés, d'inter-
préter la pensée de ma cliente, qui me désavouerait si j'en
parlais un autre. Rassurez-vous, Monsieur Landais, nulle
parole ne sortira de ma bouche si ce n'est pour m'associer à
votre chagrin, à vos regrets, à vos larmes. Si, par impossible,
je suis obligé d'attirer l'attention de Messieurs les Jurés sur

un fait, sur un geste de votre enfant qui soit pénible à votre cœur de père, je le ferai avec grande modération ; si je prononçais, par hasard, un mot qui vous apparut comme un mot de blâme, il ne serait que la répétition d'un mot déjà dit par un des témoins entendus à votre requête ou à la requête du Ministère Public.

Pour respecter ma promesse, Messieurs les Jurés, je me bornerai à des explications très courtes et très sobres. Je me contenterai de reprendre les faits, tels que vous les ont fait connaître les témoins venus à cette barre.

On vous demande si la malheureuse qui est là est coupable du crime que vous ont dépeint et M. l'Avocat Général et mon confrère, avec des commentaires qui en augmentaient l'horreur. Examinons ensemble si elle en est l'auteur responsable, c'est-à-dire conscient, ou si elle n'a pas agi dans un moment d'inconscience qui a anéanti sa volonté, qui a détruit chez elle la notion du bien et du mal.

Au cours de l'année 1908, deux jeunes gens se rencontraient, chez des amis communs, M. René Landais, Mlle Cassassus ; tous deux d'un passé irréprochable, se sentant attirés l'un vers l'autre par une grande sympathie. Ils se virent de nombreuses fois, dans les mêmes conditions ; une séparation devant les éloigner durant quelques jours, ils s'écrivirent. Le jeune homme, respectueux, n'outrepassa pas les droits que donnent des relations amicales. Leur première correspondance fut confiée à la discrétion des cartes postales illustrées, circulant sans enveloppes. Effeuillons ces chers souvenirs des premiers émois.

De Villedieu, petit village de la Manche, où il était allé porter la joie de sa jeunesse à une bonne grand'mère, René Landais écrivait :

> Mlle Hélène Cassassus ; Amitiés. René Landais.
> Cordiale poignée de mains. René Landais.

Le respect qu'il éprouve pour cette jeune fille, dont l'attitude réservée ne lui permet aucune familiarité, n'autorise que l'emploi de ces banales formules. Cependant, sa cour, discrète et timide, au début, s'enhardit bientôt. A partir de décembre 1908, ses intentions percent de jour en jour. Dans des confidences, rapportées ici par M. Servautout, le premier témoin entendu, confidences que la correspondance nous aurait permis de deviner, à défaut d'un témoignage nous les relatant, René Landais laisse voir son désir d'un mariage qui le rapprocherait de la jeune fille que les hasards de la vie ont placée sur son chemin. M. Servautout, sa femme surtout — les femmes font montre, pour certaines missions, d'une délicatesse plus grande — sont chargés de connaître les sentiments de Mlle Cassassus. Ils sont tels que les plus radieuses espérances sont permises. Les événements se précipitent ; et, le 15 décembre, M. René Landais enverra sa demande en mariage. M. l'Avocat Général critiquait, au cours de son réquisitoire, qu'elle ne fût pas en la forme solennelle, qu'elle ait été formulée non par le père, mais par l'intéressé lui-même. Reproches bien futiles que ceux-là ! Est-ce qu'au XXᵉ siècle, plus que jamais, on a coutume, à tort ou à raison, de s'embarrasser d'un formalisme étroit ? Dans le milieu des travailleurs, songe-t-on à consulter le cercle des parents, des amis ? Les rois sont mariés sans être consultés, les pauvres se marient sans prendre d'autre avis que celui de leur cœur. La voici, cette demande en mariage, dans sa sublime simplicité ; elle est toute naïve ; écoutez-la, Messieurs les Jurés :

Paris, le 15 décembre 1908.

MA CHÈRE PETITE HÉLÈNE,

J'irai vous voir jeudi soir à 8 h. 1/2, si cela ne vous dérange pas ; je compte vous trouver seule car j'ai à vous causer particulièrement, je crois que ce que j'ai à vous dire ne vous surprendra pas et que mon camarade Louis ainsi que sa dame (le camarade Louis et sa dame ne sont autres que Mme Servautout) ont dû vous mettre au courant de mes intentions ?

J'espère que vous voudrez bien accepter ce que je veux vous proposer et vous prie de vouloir agréer l'expression de mon amitié la plus sincère. Mes respects à votre famille.

Votre ami dévoué,

René LANDAIS.

L'entrevue eut lieu. Que se dirent ces deux jeunes gens ? Quels rêves rêvèrent-ils ? Je ne sais, je ne le rechercherai point, il importe si peu ! Le mariage fut décidé, et au réveillon de Noël, les fiançailles étaient officielles. La date du mariage fut choisie ; tout était prêt et la future épouse travaillait avec hâte à la confection de son trousseau.

René Landais fit-il connaître, dès ce moment, à son père ses projets ? Ce père, ici présent, vous affirme que non ; ma cliente le contredit formellement. Qui croire ? Je suis, pour ma part, persuadé que nous devons nous rallier à la version de l'accusée. Elle a tout intérêt à dire toute la vérité, à ne vous en rien sceller. Certes, dans certaines des affaires que vous avez eues à examiner, au cours de cette session, vous avez trouvé en face de vous des inculpés qui n'avaient d'autres moyens de défense qu'une négation constante de tous les faits ; dans ce procès, la situation est inversée. Pour se ménager toute votre indulgence, qu'elle sollicite par ma voix, Mlle Cassassus a le devoir de dire toute la vérité. Soyez sûrs, Messieurs les Jurés, que, si elle vous en dissimulait la moindre parcelle, je serais le premier à lui dire de changer de tactique.

Sur ce point, d'ailleurs, une démonstration est possible. D'une lettre, très courte, que je vous demande la permission de lire, nous allons tirer tout l'argument permis. Le 14 février 1909, l'honorable Me Henri Sabot, notaire à Paris, 6, rue Biot, et 3, avenue de Clichy, écrivait à René Landais:

Monsieur,

Il ne m'est pas trop facile de répondre à la demande que vous me faites, sans avoir certaines explications de votre part. Voulez-vous passer à mon étude un matin ou dans la soirée entre 4 h. 1/2 et 6 heures ?

Veuillez agréer, Monsieur, mes salutations distinguées.

Henri Sabot,

Que veut dire cette missive, sinon que, dès le 14 février, le fiancé songeait qu'il devrait signifier à son père un acte respectueux ? On ne comprendrait guère qu'il s'adressât au notaire pour autre chose. Lors d'un mariage, on a recours au notaire pour deux choses : ou pour la passation du contrat qui précède la célébration, ou pour la délivrance de la sommation destinée à forcer le consentement des parents. On passe un contrat lorsque les deux futurs, ou l'un d'eux, apportent dans la communauté conjugale une fortune ou des biens suffisants. Ici, René Landais apporte son industrie, Hélène Cassassus les ressources de ses doigts habiles. Il faut donc comprendre que les deux futurs se trouvaient en face de la deuxième hypothèse : ils devaient faire délivrer à M. Landais, père, l'acte spécial prévu par la loi. Or, ils se préoccupaient de cette formalité dès le 14 février ; il serait contraire à la raison de penser que leur préoccupation n'était qu'une prévision. De deux choses l'une : ou M. Landais n'a pas été consulté au 14 février, et alors le concours du notaire n'apparaît pas comme nécessaire, ou, consulté, il a opposé un refus aux désirs exprimés, et le notaire devra rédiger l'acte dont la loi lui a réservé le monopole ; la lettre que je viens de lire ne s'explique que dans cette dernière hypothèse.

En tenant compte de toutes les nécessités, les publications légales sont faites, le jour de l'union est fixé et le 2 mars, les futurs époux doivent se présenter devant l'Officier de l'état-civil. La famille de la jeune femme est convoquée, les amis sont conviés, tout est prêt. Il semble cependant que

René Landais n'ait confié à personne les difficultés qu'il éprouvait du côté de sa famille. Le 1er mars, la veille du jour choisi, il écrivait, en effet, à son futur beau-frère :

Paris, le 1er mars 1909.

MON CHER AMI,

Hélène m'apprend aujourd'hui qu'elle ne vous avait pas mis au courant de notre situation de crainte de vous contrarier et de vous causer de la peine et que vous alliez, sans doute venir demain mardi ainsi qu'il était convenu. Je vous prie de vouloir bien m'excuser de cette impolitesse involontaire de ma part, mais je croyais qu'elle l'avait fait.

Quoi qu'il me soit pénible de vous causer de l'ennui, je suis dans l'obligation de vous renseigner exactement.

Ainsi donc, nos bancs ont été publiés dans les délais voulus à la Mairie du IXe et du XVIIIe arrondissement, mais mon père n'a pas donné son consentement et je suis obligé, pour pouvoir me marier, d'avoir recours au notaire, ce qui nous demande encore au moins un mois et m'occasionnera des frais (m'étant renseigné auprès de Me Sabot, il est nécessaire que je fasse une sommation, car je ne suis pas âgé de trente ans).

Je vais essayer encore une fois d'obtenir le consentement de mon père, en lui écrivant pour qu'il ne m'occasionne pas de frais inutiles et en lui faisant comprendre que, quelle que soit sa réponse, il ne m'empêchera pas d'atteindre mon but.

Remarquons, en passant, que voilà une phrase qui confirme le bien-fondé de ma déduction.

Je ne connais pas les motifs qui ont poussé mon père à agir ainsi vis-à-vis de moi, mais je me doute que quelque mauvaise langue en aura été la cause et qu'il aura été sans doute mal renseigné par des personnes qui en veulent à Hélène ainsi qu'à moi.

Parlant ici au nom de Mlle Cassussus, soyez sûr, Monsieur Landais, que je n'aurais point produit de semblables affirmations; je les trouve sous la plume de votre fils : méditez-les !

Mais j'espère, quoi qu'il arrive et s'il persiste dans sa résolution, qu'il reviendra sur l'impression qu'il peut avoir actuellement et qu'il reconnaîtra qu'il a été induit en erreur. Je connais d'ailleurs le caractère de mon père qui est très emporté, mais je sais qu'il me porte beaucoup trop d'affection pour pouvoir me garder rancune pendant longtemps pour avoir fait obstacle à sa volonté.

Je regrette profondément ce fâcheux contre-temps ; mais nous arriverons toujours, Hélène et moi, au résultat que nous désirons, car j'ai la volonté d'y arriver, et, pour moi, vouloir c'est pouvoir...

Jusque-là, Mlle Cassassus était restée honnête et digne de tous les respects. Les recherches faites dans son passé par la partie civile se heurtent à cette précision du rapport de sûreté. « Tous les renseignements recueillis sont favorables. » Un seul témoin est venu à votre barre prétendant que cette jeune fille semblait, à un moment, avoir été légère ; vous vous rappelez son mutisme, lorsque M. le Président, soucieux d'une impartiale recherche de la vérité, lui a demandé de citer un seul fait à l'appui de sa déposition ? Son passé était pur et votre parole est odieuse, lorsque, à l'aide d'insinuations, vous cherchez à le salir ! Pas plus que je ne me permettrais d'attenter à votre douleur, je ne vous permettrai une insinuation qui pourrait entacher l'honneur de celle-ci... Que se passa-t-il dans cette journée du 2 mars ? Jusque-là Mlle Cassassus avait résisté aux plus tendres sollicitations de son fiancé. Les privautés, autorisées par de nombreux tête à tête, n'avaient point été autres que celles accordées en pareilles circonstances ; de chastes baisers avaient été tout au plus échangés. Le 2 mars, la nature des relations est modifiée. Les arguments de René Landais furent pressants, vous le devinez. Eh quoi ! le nid qui doit abriter les amours de demain est prêt ; les meubles, grâce à la générosité d'une sœur de ma cliente, meublent déjà l'appartement loué. Pourquoi ne pas y entrer ce soir même, comme deux jeunes mariés ! Est-ce de sa faute, à lui, René, si leur bonheur est retardé de quelques jours ? Il est, hélas, assez malheureux de cette décision paternelle, sans que sa douleur s'augmente encore ! Puis, quoi ! Tout le monde les croira mariés et ce

n'est que l'affaire de quelques jours, le notaire l'a affirmé...
La pudeur de Mlle Cassassus se tait, et, le soir, se donnant
l'un à l'autre, les deux amants échangent les plus graves
serments.

Je n'essaierai pas de vous dépeindre la joie et le bonheur
des premiers mois du ménage! Avec le témoin Bergès vous
avez franchi le seuil de l'appartement qu'ils ne quittent
guère, tant ils aiment leur solitude, qu'ils ne quittent
qu'ensemble, tant une séparation non motivée par le travail
leur paraîtrait cruelle, dut-elle ne durer que quelques
secondes. J'avais l'impression que ces gens jouissaient de
tout le bonheur qu'on puisse désirer, je les enviais, vous a
dit M. Bergès; René, qui était mon camarade, avait bien
quelques défauts; il en est un que je dois vous faire connaître, car il pourra vous édifier sur le dévouement de la compagne qu'il avait choisie, je lui avais promis le silence, mais
ici j'ai juré de dire toute la vérité, rien que la vérité; ce
serment me délie de la promesse faite sans forme solennelle,
et si pénible que cela soit, pour moi, j'estime que je ne dois
rien vous cacher! Tel est le langage que tenait ce témoin;
il est celui d'un loyal et honnête garçon et il faut le féliciter
d'avoir une si digne conception du devoir, ce qui est rare en
un siècle où les idées d'honneur et de devoir jouent un rôle
si infime. René Landais jouait! Les courses l'attiraient de
leur attrait si dangereux. Plusieurs fois, même, il y perdit
de l'argent. Rentré chez lui, il entendit les justes reproches
que devait lui attirer sa légèreté. Auprès de lui, vous
connaissez le rôle de sa.... maîtresse, le mot est dit, mais
il m'a paru dur à dire alors qu'elle l'entend, et qu'elle
pourrait supposer que son emploi, diminue le respect qui lui
est dû.. Elle risque, à peine, ces timides observations;
elle fera mieux. Un jour, alors que René Landais avait reçu
de son père quelques francs avec mandat d'acquitter une

prime d'assurance, que tenté par le démon du jeu il avait laissé ce dépôt à l'une des caisses d'un hippodrome quelconque, qu'il pouvait encourir le juste courroux d'un père irrité, elle a puisé dans sa bourse, sa pauvre petite bourse de lingère et elle a sacrifié ses modestes économies, pour que le joueur ne soit pas grondé, pour lui éviter la honte d'un pénible aveu ! Son cœur avait oublié ce geste, il a fallu la déposition de M. Bergès pour nous le dévoiler. Le même témoin nous a conté un détail bien touchant. La fête de M. Landais allait fournir au fils l'occasion de marquer sa piété filiale. Un léger souvenir, ainsi qu'il est d'usage, serait présenté. Mlle Cassassus va dans les magasins, de ses propres deniers elle achète un nécessaire de fumeur et, le soir, rappelant à son ami et la date et son obligation, elle lui remet en souriant le modeste cadeau qu'elle avait pensé à acquérir. Vous ignoriez certainement ce détail, Monsieur Landais ? Ma cliente l'avait oublié, c'est un secret que le témoin nous a appris.

Mais les jours passent. René Landais, poussé par sa compagne, a revu son père ; celui-ci le gourmande, fait miroiter la possibilité d'un mariage riche. M. Landais a des ambitions. Vous rappelez-vous, Messieurs les Jurés, cette phrase que, pour ne la point altérer, je relis dans la déposition écrite de M. Servautout : «la famille de René semblait « se croire d'un niveau social très supérieur à la mienne, « car je suis le fils d'ouvriers». Cette pensée nous permet de comprendre la raison vraie de la résistance, elle nous permet de pressentir le sens des conversations que devaient avoir le père et le fils : Mlle Cassassus n'est-elle pas elle-même une simple ouvrière ?...

A partir du moment où les entrevues du père et du fils se régularisent, l'attitude de celui-ci change. Il cherche à chaque instant de mauvaises querelles, ce qui la veille lui

plaisait lui devient odieux, il est emporté, grossier. Ecoutez
encore le témoin Servautout : « René força sa maîtresse
« à vendre ou à engager ce qu'elle avait chez elle, car tout
« appartenait à celle ci. Je l'ai vue le 14 juillet sans un
« sou pour prendre le tramway et n'ayant pas mangé depuis
« deux jours. »

Le paradis est devenu un enfer. Les tantes du jeune
homme entrent aussi en scène, tant Mme Miganne, entendue
à cette audience, dont certaines lettres ont été versées aux
débats par l'accusée elle-même, que Mme Tétrel dont voici
quelques épîtres :

Mercredi.

Cher René,

Voudrais-tu venir demain me voir en sortant du bureau, j'ai à te
causer. Je t'embrasse.

Ta tante : TÉTREL,

René ne va pas à ce rendez-vous, mais on le relance bien
vite.

Vendredi, 10 heures.

Cher René,

Je t'ai attendu, en vain, hier soir. Je t'attends ce soir à 6 heures 1/2.
J'ai absolument besoin de te causer. Je t'embrasse.

Ta tante : TÉTREL.

Il ne faut pas laisser le temps au malheureux de se ressaisir
il faut le harceler, le traquer. Se rend-il à ces convocations,
qu'on le présente à une jeune fille venue là comme par
hasard et réunissant toutes les qualités pour devenir la
meilleure des épouses. C'est une réalité que j'évoque. Un
témoin a failli nous dire le nom de la personne ainsi mise en
cause, il a fallu la défense formelle de Mlle Cassassus pour
que nous l'ignorions à cette heure.

Les camarades du jeune homme lui font quelques remonstrances. N'a-t-on pas vu devant le bureau, à l'heure de la sortie, une élégante jeune femme venir l'attendre ? Ne les a-t-on pas vus partir, tendrement enlacés ? Ces jeunes hommes, braves et honnêtes garçons, lui disent que sa conduite ne se comprend pas, qu'il se doit à la jeune fille par lui détournée de sa famille, qu'il appartient au foyer qu'il a créé grâce à une promesse formelle de mariage. A ces observations qui démontrent la droiture de caractère de ceux qui les font, la réponse est brutale. « Oh ! Hélène, je fais « tout pour qu'elle me lâche, je me montre aussi peu « aimable que possible, mais que voulez vous elle m'aime ! »

Les résolutions du début ne sont plus qu'un souvenir désagréable.

Vaines promesses, oubliées maintenant que le but est atteint. Il a eu cette femme, ses désirs sont satisfaits ; il peut bien l'abandonner. Et cependant, seule dans son appartement coquettement orné lors des premiers jours de leur occupation, maintenant délaissé, elle songe. Son abandon n'a eu lieu que sur la foi des promesses si souvent affirmées et désormais il faudra vivre seule, déshonorée aux yeux de tous ses amis, aux yeux de tous ses parents ! Seule ? Non ! Hélas, en son sein elle sent tressaillir un petit être qui devrait rendre au père plus sacrés ses serments ! Et lorsque René revient au logis, elle lui fait part de sa joyeuse crainte. De leurs amours, qu'elle ne peut croire déjà passées, un enfant va naître. Elle n'a point connu les joies d'une enfance bercée par une mère, puisqu'elle fut orpheline dès le berceau, mais elle sait le prix d'une affection maternelle ; ah ! comme elle l'aimera, ce petit être à qui elle donne déjà la vie ! René Landais est ennuyé de cette nouvelle qui précise son devoir, qui va rendre plus odieuse sa conduite. Brutal dans ses conversations avec sa compagne, il sera vil lorsqu'il apprendra cette grossesse.

Je me garderai d'une appréciation personnelle sur un point aussi délicat ; soucieux de respecter la mémoire du malheureux garçon, je tiens à emprunter cette partie de mes explications à deux des témoins venus aujourd'hui déposer devant vous sous la foi du serment.

A M. Servantout, qui lui dit la joie qu'un père éprouve à trouver à son foyer deux aimés à chérir, René répond avec un cynisme inqualifiable : « Il y a assez de chats et de chiens à la maison, je n'en veux pas, du petit salé. » A tout prix il faut empêcher l'enfant de venir à terme. Landais achète des pilules d'apiol, M. Bergès l'a affirmé ; celle-ci a la coupable faiblesse de les prendre. L'apiol est aux yeux du vulgaire un remède abortif ; vous le saviez sans doute ; j'ai pris le soin de faire préciser l'existence de cette croyance commune par le très distingué médecin venu à votre barre, le très honorable docteur Paul.

Votre attention si bienveillante jusqu'ici m'est un encouragement précieux ; je m'attarde à de menus détails ; ne voyez là, Messieurs les Jurés, que l'expression de mon souci de ne rien laisser dans l'ombre. Dans une affaire aussi grave, mais aussi délicate, il importe que vous connaissiez tout et je ne me permettrais pas d'aller vite de peur de ne pas être complet.

J'arrive à la journée du drame et, sans rien dissimuler de la vérité, je vais essayer de vous faire vivre, rapidement, les affres de la malheureuse que je défends.

Depuis quelques jours, René Landais emporte de l'appartement commun les menus objets qu'il y avait apportés. La concierge l'a vu passer tenant une valise ; bien entendu, il se cache ; Mlle Cassassus, malgré tout, s'est aperçue de sa façon de procéder. Le 30 juillet, au matin, elle l'interroge. La réalité qu'elle redoutait, lui apparaît, horrible. C'est fini ! Il veut partir pour ne plus revenir ! Le rêve s'arrête là, tout s'effondre, l'avenir désiré n'était qu'un mirage; le mari accepté n'était qu'un séducteur qui veut maintenant continuer sa route, sans un regard, ne serait-ce que de pitié, pour les victimes de ses actes! Une scène éclate. Elle implore, elle supplie, elle crie. Larmes, prières, supplications, tout cela n'est rien, il doit partir vers d'autres destins, c'est la vie. Alors, cette délaissée est folle, elle court, elle va, elle est inconsciente. Pour elle désormais tout est fini. Sa sœur qui la rencontre affaissée sur un banc essaie de la consoler un peu. Elle exagère la noirceur du tableau; sa famille est prête à la recevoir; elle a été trompée, personne ne lui en fera grief; elle reviendra au foyer familial, on sera deux de plus, on travaillera avec plus de courage. Plus calme, elle revient au Boulevard de Clichy; mais ses pauvres yeux pleurent en contemplant tous les souvenirs du passé. Une voisine, que vous avez entendue, Mme Level, voyant ce chagrin, pressent une partie de la vérité. A son tour, elle parle le langage de raison; mais nul mot ne peut adoucir ta peine, nulle consolation ne peut arrêter les larmes!

Un bruit, à travers la cloison, vient de lui parvenir, est-ce un songe? Une réalité? Mais, oui, René est là, René est rentré, le cauchemar est fini. Il revient, son attitude n'était que pour l'éprouver. Le mariage bientôt sera possible le notaire consulté en permet l'augure, la sommation respectueuse a été délivrée, rien ne s'oppose plus à leur union si nécessaire! C'est un mouvement de joie qui succède à la douleur déjà oubliée. Elle quitte Mme Level pour s'assurer qu'elle n'est pas le jouet d'une décevante illusion. Joie! dans le lit tout blanc, paré comme au soir de leur abandon, René a déjà pris place. Tremblante, mais cette fois de bonheur, elle s'approche. Pourquoi cette comédie? Il sait bien qu'elle est à lui, il sait bien qu'elle l'aime. Pourquoi cette épreuve inutile? Mais non, à quoi bon évoquer ce passé? Il est revenu, avec lui la joie a repris sa place dans la maison, le mieux est d'oublier bien vite, il convient de n'en pas parler. Chimères que ces prévisions, illusions qu'il faut détruire sans plus tarder! René Landais n'a pas varié dans ses desseins; il a affirmé qu'il s'en allait et il s'en va; il est revenu coucher boulevard de Clichy, parce que cela lui plaisait. La scène se précise et se précipite. Cette jeune femme caressant l'espoir de ramener à elle celui qu'elle a aimé jusqu'au crime, qu'elle aime encore, s'approche du lit, témoin muet des doux serments d'un passé qu'elle aurait voulu ne jamais voir finir; agenouillée, les mains jointes elle implore. Quels mots faut-il donc dire pour fléchir cette volonté? Quels accents employer? Que désire-t-il? Un mot, un geste il sera satisfait. Elle s'adresse à son honneur, à son cœur. Rien. Si, une réponse lâche, brutale : « Je te plaque. »

Ah, le mot a cinglé celle-ci, comme un coup de cravache. Il l'insulte à présent, c'en est trop. Elle étreint son front, ses tempes battent, sa vue s'obscurcit; tout devant elle est troublé.... Elle va dans la cuisine, une application d'eau fraîche ramènera peut-être ses esprits égarés.... Là, dans le placard, une bouteille de vitriol, achetée il y a quelques mois, semble vivre, elle apparaît comme animée, ricanant sinistrement.... Cette vision la hante... elle résiste, une lueur de raison l'arrête.... Cependant la bouteille est là, semblant crier : « prends-moi »... Las! elle est vaincue, c'est la folie... Elle s'empare du flacon, ferme les yeux, vide dans une casserole l'acide meurtrier, et le jette sur son amant ... C'est fini, le crime est consommé.

Elle descend les escaliers, part dans une direction ignorée; dans sa course folle, cent fois elle manque d'être écrasée; que lui importe? Elle, elle l'honnête petite ouvrière, séduite puis délaissée, la voici désormais une criminelle!

C'est un corps sans âme, sans pensée, sans raison, qui erre comme un véritable fantôme ! Une détente se produit cependant et Mlle Cassassus n'a plus qu'un désir: mourir à son tour. A différentes reprises, elle tente de se suicider; il faudra toute la maternelle énergie de Mme Van des Roziers, sa sœur aînée, qui l'a élevée, pour l'empêcher de réaliser ses desseins. Personne n'a osé douter de la réalité de ces tentatives dont une au moins reçut un commencement d'exéc. Un jour, alors que sa surexcitation nerveuse avait paru plus considérable encore que d'habitude et que la surveillance devait être plus étroite, on s'aperçut que, profitant d'une minute d'inattention, la jeune femme avait réussi à visser dans le plafond de la salle à manger un fort crochet : elle allait se pendre. Faut-il une preuve de cette volonté ? Voici une lettre qu'au lendemain de son arrestation, Mlle Cassassus me remettait sous enveloppe fermée ; hier au soir, alors que je préparais avec elle son dossier, nous l'avons ouverte ; écoutez, Monsieur Landais, la lettre vous est adressée :

M. Landais, 41, rue des Dames, Paris ;

Monsieur Landais,

Ne pouvant survivre à mon René, je me tue. Je ne sais vraiment ce que je vous avais fait pour que vous vous soyez acharné comme cela sur moi.

CASSASSUS.

Il ne saurait y avoir de malentendu sur l'interprétation de la dernière phrase. Mlle Cassassus fait allusion aux résistances injustifiées de M. Landais.

Vous connaissez maintenant le drame dont il faut que vous jugiez l'auteur. Je l'ai décrit pour vous tel qu'il s'est passé, en m'efforçant de faire vivre les personnages, tels qu'ils vécurent, en faisant tout mon possible pour noter leur véritable état d'âme. Je n'ai rien retranché à la description de la scène tragique ; ma tâche serait incomplète,

si je laissais passer sans les discuter certaines affirmations
de la partie civile ou de la prévention, qui constitueraient
une aggravation de la culpabilité de ma cliente. On n'a point
prétendu que le crime ait été prémédité, et je vous supplie,
Messieurs les Jurés, de retenir cela. Du reste, on eut été mal
venu à le faire. Il a été établi, tant à l'instruction qu'à
l'audience, que le liquide meurtrier avait été acheté plusieurs
mois avant le crime, à une époque où la situation des
amants ne permettait pas de prévoir la fin douloureuse de
cette union. Il y a bien mieux encore : M. le Procureur
Général, qui est ici mon premier adversaire, déclare dans sa
procédure que la préméditation n'a point été établie. Vous
n'oublierez pas que, sur ce point, la défense et l'accusation
sont en parfait accord.

Pour déterminer votre sévérité, mon excellent confrère
Me Ernest Lafon, avec toute son habileté, vous a fait de la
scène du crime une peinture qui serait de nature à troubler
vos consciences. Il vous a affirmé avec la déposition de la
victime que le pauvre garçon dormait, tandis que sa
maîtresse versait sur son visage et sur son corps le corrosif.
Il importe que je vous démontre que c'est là un fait inexact
et qu'en ceci, comme en tout, la version de Mlle Cassassus
doit être acceptée en son entier. Nous avons demandé à la
science de nous prêter le concours de ses lumières. Vous
avez remarqué que la défense allait au devant des questions
de l'accusation ; il était nécessaire, dans l'intérêt de la vérité
que nous souhaitons tous, que ce détail troublant fut
éclairci. Le très distingué médecin entendu à votre barre
vous a dit qu'une affirmation de sa part, étant donné le
caractère de sa mission, était impossible ; la médecine est
impuissante à dissiper nos doutes. Heureusement nous
pouvons nous référer aux témoignages entendus et au
raisonnement. Mme Level vous a déclaré que l'inculpée est
restée avec elle jusqu'à une heure très avancée de la soirée ;

elles ne se sont quittées qu'au retour de René Landais, alors
que par le bruit qu'il faisait on pouvait soupçonner sa
présence dans l'appartement voisin. Le temps qui s'écoule
entre le moment où Mlle Cassassus rejoint son ami et l'heure
du crime est un temps très court ; il eut suffi peut-être
à quelqu'un que ne troublait aucun souci pour s'endormir,
il ne saurait avoir été suffisant à René que nous savons im-
pressionné par la scène du matin et aussi par la grave résolution qui doit guider sa vie. Je crois cette démonstration
assez satisfaisante pour insister davantage.

En ce qui touche la moralité de la jeune fille, je suis
persuadé que vous êtes complètement édifiés ; aucune
discordance. Orpheline dès sa prime enfance, elle a été
élevée par une sœur aînée qui l'aimait tendrement ; dans
son passé fouillé très soigneusement par la partie civile,
pas l'ombre la plus légère, pas le moindre flirt, pas la
moindre passionnette, à plus forte raison, pas la moindre
liaison de nature à lui ôter le respect que l'avocat de M. Landais vous a dit garder pour elle. C'est une honnête ouvrière
vivant des largesses d'une sœur fortunée et du produit de
son travail. Je vous fais grâce de tous les certificats que j'ai
recueillis à cet égard. J'ai là un paquet de lettres de clientes
faisant des commandes importantes de lingerie. Vous savez
par l'audition de M. et Mme Prudhomme qu'une lingère
habile gagne très largement sa vie et vous savez par les
mêmes que Mlle Cassassus excellait dans son métier.

Vous devez dire le dernier mot dans ce procès troublant.
Retirez-vous dans votre chambre des délibérations ; je suis
sûr que vous reviendrez avec un verdict dénotant votre
grand cœur et votre esprit de Justice. Je ne puis vous
plaider que Mlle Cassassus a largement expié sa faute en
accomplissant plusieurs mois de prison préventive. Incar-
cérée aujourd'hui même, elle est demeurée quelques jours
à peine à St-Lazare. Le juge d'instruction, qui a dirigé

l'information avec une conscience et une dignité profession-
nelles au-dessus de tous éloges, n'a pas cru devoir prolonger
la détention, le docteur Paul, commis à cet effet, ayant
déclaré que la malheureuse jeune fille ne pouvait supporter
le régime déprimant de la prison. Si vous reveniez avec un
verdict emportant une peine ferme, vous signeriez l'arrêt de
mort de cette jeune femme ; cette considération arrêtera
votre plume, si mes arguments ne vous avaient pas déjà
déterminés.

Demandez vous si cette journée si émouvante et si douloureuse n'est pas une expiation suffisante pour la malheureuse, qui est effondrée sur ce banc. J'en appelle à votre
cœur et c'est de ma part une dernière mais ardente prière :
cette enfant n'a-t-elle pas trouvé dans la conduite de René
Landais qui, après l'avoir séduite, l'abandonnait, seule
déshonorée, les plus larges excuses? Allez, Messieurs les
Jurés, je remets son sort, sa vie entre vos mains ; je demeure
confiant, votre verdict sera assez humain, tout à l'heure,
cette porte que je n'ai jamais vue se refermer sur un
condamné, sans éprouver un frisson, s'ouvrira grande pour
lui faire voir le chemin de la liberté. Le remords qu'elle
éprouve, qui trouble son sommeil et ses veilles, est le
châtiment qu'elle mérite ; soyez sûr qu'une justice plus forte
que celle des hommes le lui dispense sans compter.

Je veux encore me permettre une lecture ; entendez la
parole dernière de la victime :

Je refuse de former plainte contre ma maîtresse et je désire qu'on
ne donne aucune suite à cette affaire.

Allez, maintenant, et que votre dernier mot soit celui du
mort : Je pardonne !

Après des débats auxquels prirent part : Me Ernest Lafon,
au nom du père de la victime, partie civile au procès,

M. l'Avocat Général Siben, M⁰ Henry-Millié, défenseur de l'accusée, celle-ci a été condamnée à deux ans de prison, mais avec le bénéfice de la Loi Béranger.

Mende. — Imprimerie IGNON-RENOUARD.

www.ingramcontent.com/pod-product-compliance
Lightning Source LLC
Chambersburg PA
CBHW070910210326
41521CB00010B/2127